Five Year Planner 2020-2024

THIS PLANNER BELONGS TO

_____

_____

_____

_____

Love Your Planner?

Join our mailing list to be among the first to receive updates and information about upcoming planner releases.

email: trdplanners@gmail.com
subject: subscribe

Don't forget to tag us in your social media posts, stories, and videos.

2020 Overview

JANUARY

SU	MO	TU	WE	TH	FR	SA
			1	2	3	4
5	6	7	8	9	10	11
12	13	14	15	16	17	18
19	20	21	22	23	24	25
26	27	28	29	30	31	

FEBRUARY

SU	MO	TU	WE	TH	FR	SA
						1
2	3	4	5	6	7	8
9	10	11	12	13	14	15
16	17	18	19	20	21	22
23	24	25	26	27	28	29

MARCH

SU	MO	TU	WE	TH	FR	SA
1	2	3	4	5	6	7
8	9	10	11	12	13	14
15	16	17	18	19	20	21
22	23	24	25	26	27	28
29	30	31				

APRIL

SU	MO	TU	WE	TH	FR	SA
			1	2	3	4
5	6	7	8	9	10	11
12	13	14	15	16	17	18
19	20	21	22	23	24	25
26	27	28	29	30		

MAY

SU	MO	TU	WE	TH	FR	SA
					1	2
3	4	5	6	7	8	9
10	11	12	13	14	15	16
17	18	19	20	21	22	23
24	25	26	27	28	29	30
31						

JUNE

SU	MO	TU	WE	TH	FR	SA
	1	2	3	4	5	6
7	8	9	10	11	12	13
14	15	16	17	18	19	20
21	22	23	24	25	26	27
28	29	30				

JULY

SU	MO	TU	WE	TH	FR	SA
			1	2	3	4
5	6	7	8	9	10	11
12	13	14	15	16	17	18
19	20	21	22	23	24	25
26	27	28	29	30	31	

AUGUST

SU	MO	TU	WE	TH	FR	SA
						1
2	3	4	5	6	7	8
9	10	11	12	13	14	15
16	17	18	19	20	21	22
23	24	25	26	27	28	29
30	31					

SEPTEMBER

SU	MO	TU	WE	TH	FR	SA
		1	2	3	4	5
6	7	8	9	10	11	12
13	14	15	16	17	18	19
20	21	22	23	24	25	26
27	28	29	30			

OCTOBER

SU	MO	TU	WE	TH	FR	SA
				1	2	3
4	5	6	7	8	9	10
11	12	13	14	15	16	17
18	19	20	21	22	23	24
25	26	27	28	29	30	31

NOVEMBER

SU	MO	TU	WE	TH	FR	SA
1	2	3	4	5	6	7
8	9	10	11	12	13	14
15	16	17	18	19	20	21
22	23	24	25	26	27	28
29	30					

DECEMBER

SU	MO	TU	WE	TH	FR	SA
		1	2	3	4	5
6	7	8	9	10	11	12
13	14	15	16	17	18	19
20	21	22	23	24	25	26
27	28	29	30	31		

2021 Overview

JANUARY

SU	MO	TU	WE	TH	FR	SA
					1	2
3	4	5	6	7	8	9
10	11	12	13	14	15	16
17	18	19	20	21	22	23
24	25	26	27	28	29	30
31						

FEBRUARY

SU	MO	TU	WE	TH	FR	SA
	1	2	3	4	5	6
7	8	9	10	11	12	13
14	15	16	17	18	19	20
21	22	23	24	25	26	27
28						

MARCH

SU	MO	TU	WE	TH	FR	SA
	1	2	3	4	5	6
7	8	9	10	11	12	13
14	15	16	17	18	19	20
21	22	23	24	25	26	27
28	29	30	31			

APRIL

SU	MO	TU	WE	TH	FR	SA
				1	2	3
4	5	6	7	8	9	10
11	12	13	14	15	16	17
18	19	20	21	22	23	24
25	26	27	28	29	30	

MAY

SU	MO	TU	WE	TH	FR	SA
						1
2	3	4	5	6	7	8
9	10	11	12	13	14	15
16	17	18	19	20	21	22
23	24	25	26	27	28	29
30	31					

JUNE

SU	MO	TU	WE	TH	FR	SA
		1	2	3	4	5
6	7	8	9	10	11	12
13	14	15	16	17	18	19
20	21	22	23	24	25	26
27	28	29	30			

JULY

SU	MO	TU	WE	TH	FR	SA
				1	2	3
4	5	6	7	8	9	10
11	12	13	14	15	16	17
18	19	20	21	22	23	24
25	26	27	28	29	30	31

AUGUST

SU	MO	TU	WE	TH	FR	SA
1	2	3	4	5	6	7
8	9	10	11	12	13	14
15	16	17	18	19	20	21
22	23	24	25	26	27	28
29	30	31				

SEPTEMBER

SU	MO	TU	WE	TH	FR	SA
			1	2	3	4
5	6	7	8	9	10	11
12	13	14	15	16	17	18
19	20	21	22	23	24	25
26	27	28	29	30		

OCTOBER

SU	MO	TU	WE	TH	FR	SA
					1	2
3	4	5	6	7	8	9
10	11	12	13	14	15	16
17	18	19	20	21	22	23
24	25	26	27	28	29	30
31						

NOVEMBER

SU	MO	TU	WE	TH	FR	SA
	1	2	3	4	5	6
7	8	9	10	11	12	13
14	15	16	17	18	19	20
21	22	23	24	25	26	27
28	29	30				

DECEMBER

SU	MO	TU	WE	TH	FR	SA
			1	2	3	4
5	6	7	8	9	10	11
12	13	14	15	16	17	18
19	20	21	22	23	24	25
26	27	28	29	30	31	

2022 Overview

JANUARY

SU	MO	TU	WE	TH	FR	SA
						1
2	3	4	5	6	7	8
9	10	11	12	13	14	15
16	17	18	19	20	21	22
23	24	25	26	27	28	29
30	31					

FEBRUARY

SU	MO	TU	WE	TH	FR	SA
		1	2	3	4	5
6	7	8	9	10	11	12
13	14	15	16	17	18	19
20	21	22	23	24	25	26
27	28					

MARCH

SU	MO	TU	WE	TH	FR	SA
		1	2	3	4	5
6	7	8	9	10	11	12
13	14	15	16	17	18	19
20	21	22	23	24	25	26
27	28	29	30	31		

APRIL

SU	MO	TU	WE	TH	FR	SA
					1	2
3	4	5	6	7	8	9
10	11	12	13	14	15	16
17	18	19	20	21	22	23
24	25	26	27	28	29	30

MAY

SU	MO	TU	WE	TH	FR	SA
1	2	3	4	5	6	7
8	9	10	11	12	13	14
15	16	17	18	19	20	21
22	23	24	25	26	27	28
29	30	31				

JUNE

SU	MO	TU	WE	TH	FR	SA
			1	2	3	4
5	6	7	8	9	10	11
12	13	14	15	16	17	18
19	20	21	22	23	24	25
26	27	28	29	30		

JULY

SU	MO	TU	WE	TH	FR	SA
					1	2
3	4	5	6	7	8	9
10	11	12	13	14	15	16
17	18	19	20	21	22	23
24	25	26	27	28	29	30
31						

AUGUST

SU	MO	TU	WE	TH	FR	SA
	1	2	3	4	5	6
7	8	9	10	11	12	13
14	15	16	17	18	19	20
21	22	23	24	25	26	27
28	29	30	31			

SEPTEMBER

SU	MO	TU	WE	TH	FR	SA
				1	2	3
4	5	6	7	8	9	10
11	12	13	14	15	16	17
18	19	20	21	22	23	24
25	26	27	28	29	30	

OCTOBER

SU	MO	TU	WE	TH	FR	SA
						1
2	3	4	5	6	7	8
9	10	11	12	13	14	15
16	17	18	19	20	21	22
23	24	25	26	27	28	29
30	31					

NOVEMBER

SU	MO	TU	WE	TH	FR	SA
		1	2	3	4	5
6	7	8	9	10	11	12
13	14	15	16	17	18	19
20	21	22	23	24	25	26
27	28	29	30			

DECEMBER

SU	MO	TU	WE	TH	FR	SA
				1	2	3
4	5	6	7	8	9	10
11	12	13	14	15	16	17
18	19	20	21	22	23	24
25	26	27	28	29	30	31

2023 Overview

JANUARY

SU	MO	TU	WE	TH	FR	SA
1	2	3	4	5	6	7
8	9	10	11	12	13	14
15	16	17	18	19	20	21
22	23	24	25	26	27	28
29	30	31				

FEBRUARY

SU	MO	TU	WE	TH	FR	SA
			1	2	3	4
5	6	7	8	9	10	11
12	13	14	15	16	17	18
19	20	21	22	23	24	25
26	27	28				

MARCH

SU	MO	TU	WE	TH	FR	SA
			1	2	3	4
5	6	7	8	9	10	11
12	13	14	15	16	17	18
19	20	21	22	23	24	25
26	27	28	29	30	31	

APRIL

SU	MO	TU	WE	TH	FR	SA
						1
2	3	4	5	6	7	8
9	10	11	12	13	14	15
16	17	18	19	20	21	22
23	24	25	26	27	28	29
30						

MAY

SU	MO	TU	WE	TH	FR	SA
	1	2	3	4	5	6
7	8	9	10	11	12	13
14	15	16	17	18	19	20
21	22	23	24	25	26	27
28	29	30	31			

JUNE

SU	MO	TU	WE	TH	FR	SA
				1	2	3
4	5	6	7	8	9	10
11	12	13	14	15	16	17
18	19	20	21	22	23	24
25	26	27	28	29	30	

JULY

SU	MO	TU	WE	TH	FR	SA
						1
2	3	4	5	6	7	8
9	10	11	12	13	14	15
16	17	18	19	20	21	22
23	24	25	26	27	28	29
30	31					

AUGUST

SU	MO	TU	WE	TH	FR	SA
		1	2	3	4	5
6	7	8	9	10	11	12
13	14	15	16	17	18	19
20	21	22	23	24	25	26
27	28	29	30	31		

SEPTEMBER

SU	MO	TU	WE	TH	FR	SA
					1	2
3	4	5	6	7	8	9
10	11	12	13	14	15	16
17	18	19	20	21	22	23
24	25	26	27	28	29	30

OCTOBER

SU	MO	TU	WE	TH	FR	SA
1	2	3	4	5	6	7
8	9	10	11	12	13	14
15	16	17	18	19	20	21
22	23	24	25	26	27	28
29	30	31				

NOVEMBER

SU	MO	TU	WE	TH	FR	SA
			1	2	3	4
5	6	7	8	9	10	11
12	13	14	15	16	17	18
19	20	21	22	23	24	25
26	27	28	29	30		

DECEMBER

SU	MO	TU	WE	TH	FR	SA
					1	2
3	4	5	6	7	8	9
10	11	12	13	14	15	16
17	18	19	20	21	22	23
24	25	26	27	28	29	30
31						

2024 Overview

JANUARY

SU	MO	TU	WE	TH	FR	SA
	1	2	3	4	5	6
7	8	9	10	11	12	13
14	15	16	17	18	19	20
21	22	23	24	25	26	27
28	29	30	31			

FEBRUARY

SU	MO	TU	WE	TH	FR	SA
				1	2	3
4	5	6	7	8	9	10
11	12	13	14	15	16	17
18	19	20	21	22	23	24
25	26	27	28	29		

MARCH

SU	MO	TU	WE	TH	FR	SA
					1	2
3	4	5	6	7	8	9
10	11	12	13	14	15	16
17	18	19	20	21	22	23
24	25	26	27	28	29	30
31						

APRIL

SU	MO	TU	WE	TH	FR	SA
	1	2	3	4	5	6
7	8	9	10	11	12	13
14	15	16	17	18	19	20
21	22	23	24	25	26	27
28	29	30				

MAY

SU	MO	TU	WE	TH	FR	SA
			1	2	3	4
5	6	7	8	9	10	11
12	13	14	15	16	17	18
19	20	21	22	23	24	25
26	27	28	29	30	31	

JUNE

SU	MO	TU	WE	TH	FR	SA
						1
2	3	4	5	6	7	8
9	10	11	12	13	14	15
16	17	18	19	20	21	22
23	24	25	26	27	28	29
30						

JULY

SU	MO	TU	WE	TH	FR	SA
	1	2	3	4	5	6
7	8	9	10	11	12	13
14	15	16	17	18	19	20
21	22	23	24	25	26	27
28	29	30	31			

AUGUST

SU	MO	TU	WE	TH	FR	SA
				1	2	3
4	5	6	7	8	9	10
11	12	13	14	15	16	17
18	19	20	21	22	23	24
25	26	27	28	29	30	31

SEPTEMBER

SU	MO	TU	WE	TH	FR	SA
1	2	3	4	5	6	7
8	9	10	11	12	13	14
15	16	17	18	19	20	21
22	23	24	25	26	27	28
29	30					

OCTOBER

SU	MO	TU	WE	TH	FR	SA
		1	2	3	4	5
6	7	8	9	10	11	12
13	14	15	16	17	18	19
20	21	22	23	24	25	26
27	28	29	30	31		

NOVEMBER

MO	TU	WE	TH	FR	SA	SU
				1	2	
4	5	6	7	8	9	3
11	12	13	14	15	16	10
18	19	20	21	22	23	17
25	26	27	28	29	30	24

DECEMBER

SU	MO	TU	WE	TH	FR	SA
1	2	3	4	5	6	7
8	9	10	11	12	13	14
15	16	17	18	19	20	21
22	23	24	25	26	27	28
29	30	31				

Sunday	Monday	Tuesday	Wednesday
29	30	31	1 NEW YEAR'S DAY
5	6	7	8
12	13	14	15
19	20 MARTIN LUTHER KING JR. DAY	21	22
26	27	28	29

Thursday	Friday	Saturday
2	3	4
9	10	11
16	17	18
23	24	25
30	31	1

Goals

_____
_____
_____
_____
_____

To Do List

_____
_____
_____
_____

Reminders

_____
_____
_____
_____
_____

January
2020

Sunday	Monday	Tuesday	Wednesday
26	27	28	29
2	3	4	5
9	10	11	12
16	17	18	19
23	24 PRESIDENTS' DAY	25	26

Thursday	Friday	Saturday
30	31	1
6	7	8
13	14	15
	VALENTINE'S DAY	
20	21	22
27	28	29

February
2020

Goals

_____
_____
_____
_____
_____

To Do List

_____
_____
_____

Reminders

_____
_____
_____
_____
_____

Sunday	Monday	Tuesday	Wednesday
1	2	3	4
8	9	10	11
15	16	17	18
		ST. PATRICK'S DAY	
22	23	24	25
29	30	31	1

Thursday	Friday	Saturday	Goals
5	6	7	
12	13	14	
19	20	21	To Do List
26	27	28	
2	3	4	Reminders

March
2020

Sunday	Monday	Tuesday	Wednesday
29	30	31	1
5	6	7	8
12	13	14	15
19 EASTER	20	21	22
26	27	28	29

Thursday	Friday	Saturday	Goals
2	3	4	
9	10	11	
16	17	18	To Do List
23	24	25	
30	1	2	Reminders

April
2020

Sunday	Monday	Tuesday	Wednesday
26	27	28	29
3	4	5	6
10 MOTHER'S DAY	11	12	13
17	18	19	20
24	25 MEMORIAL DAY	26	27
31			

Thursday	Friday	Saturday
30	1	2
7	8	9
14	15	16
21	22	23
28	29	30

May 2020

Goals

To Do List

Reminders

Sunday	Monday	Tuesday	Wednesday
31	1	2	3
7	8	9	10
14	15	16	17
21	22	23	24
28 FATHER'S DAY	29	30	1

Thursday	Friday	Saturday	Goals
4	5	6	
11	12	13	
18	19	20	To Do List
25	26	27	
2	3	4	Reminders

June
2020

Sunday	Monday	Tuesday	Wednesday
28	29	30	1
5	6	7	8
12	13	14	15
19	20	21	22
26	27	28	29

Thursday	Friday	Saturday	Goals
2	3	4	
	INDEPENDENCE DAY (OBSERVED)	INDEPENDENCE DAY	
9	10	11	
16	17	18	To Do List
23	24	25	
30	31	1	Reminders

July
2020

Sunday	Monday	Tuesday	Wednesday
26	27	28	29
2	3	4	5
9	10	11	12
16	17	18	19
23	24	25	26
30	31		

Thursday	Friday	Saturday
30	31	1
6	7	8
13	14	15
20	21	22
27	28	29

Goals

To Do List

Reminders

August 2020

Sunday	Monday	Tuesday	Wednesday
30	31	1	2
6	7 LABOR DAY	8	9
13	14	15	16
20	21	22	23
27	28	29	30

Thursday	Friday	Saturday
3	4	5
10	11	12
17	18	19
24	25	26
1	2	3

September
2020

Goals

To Do List

Reminders

Sunday	Monday	Tuesday	Wednesday
27	28	29	30
4	5	6	7
11	12 COLUMBUS DAY	13	14
18	19	20	21
25	26	27	28

Thursday	Friday	Saturday
1	2	3
8	9	10
15	16	17
22	23	24
29	30	31 HALLOWEEN

October
2020

Goals

_____
_____
_____
_____

To Do List

_____
_____
_____

Reminders

_____
_____
_____
_____
_____

Sunday	Monday	Tuesday	Wednesday
1	2	3	4
8	9	10	11 VETERANS DAY
15	16	17	18
22	23	24	25
29	30	1	2

Thursday	Friday	Saturday
5	6	7
12	13	14
19	20	21
26 THANKSGIVING DAY	27	28
3	4	5

November
2020

Goals

To Do List

Reminders

Sunday	Monday	Tuesday	Wednesday
29	30	1	2
6	7	8	9
13	14	15	16
20	21	22	23
27	28	29	30

Thursday	Friday	Saturday	Goals
3	4	5	
10	11	12	
17	18	19	To Do List
24 CHRISTMAS EVE	25 CHRISTMAS DAY	26	
31 NEW YEAR'S EVE	1	2	Reminders

December
2020

Sunday	Monday	Tuesday	Wednesday
27	28	29	30
3	4	5	6
10	11	12	13
17	18	19	20
	MARTIN LUTHER KING JR. DAY		
24	25	26	27
31			

Thursday	Friday	Saturday
31	1 NEW YEAR'S DAY	2
7	8	9
14	15	16
21	22	23
28	29	30

January
2021

Goals

To Do List

Reminders

Sunday	Monday	Tuesday	Wednesday
31	1	2	3
7	8	9	10
14	15	16	17
VALENTINE'S DAY	PRESIDENT'S DAY		
21	22	23	24
28	1	2	3

Thursday	Friday	Saturday	Goals
4	5	6	
11	12	13	
18	19	20	To Do List
25	26	27	
4	5	6	Reminders

February
2021

Sunday	Monday	Tuesday	Wednesday
28	1	2	3
7	8	9	10
14	15	16	17 ST. PATRICK'S DAY
21	22	23	24
28	29	30	31

Thursday	Friday	Saturday	Goals
4	5	6	
11	12	13	
18	19	20	To Do List
25	26	27	
1	2	3	Reminders

March
2021

Sunday	Monday	Tuesday	Wednesday
28	29	30	31
4 EASTER	5	6	7
11	12	13	14
18	19	20	21
25	26	27	28

Thursday	Friday	Saturday
1	2	3
8	9	10
15	16	17
22	23	24
29	30	1

Goals

_____

_____

_____

_____

_____

To Do List

_____

_____

_____

Reminders

_____

_____

_____

_____

_____

_____

April
2021

Sunday	Monday	Tuesday	Wednesday
25	26	27	28
2	3	4	5
9 MOTHER'S DAY	10	11	12
16	17	18	19
23	24	25	26
30	31 MEMORIAL DAY		

Thursday	Friday	Saturday
29	30	1
6	7	8
13	14	15
20	21	22
27	28	29

Goals

To Do List

Reminders

May
2021

Sunday	Monday	Tuesday	Wednesday
30	31	1	2
6	7	8	9
13	14	15	16
20	21	22	23
FATHER'S DAY 27	28	29	30

Thursday	Friday	Saturday
3	4	5
10	11	12
17	18	19
24	25	26
1	2	3

Goals

To Do List

Reminders

June
2021

Sunday	Monday	Tuesday	Wednesday
27	28	29	30
4 INDEPENDENCE DAY	5 INDEPENDENCE DAY (OBSERVED)	6	7
11	12	13	14
18	19	20	21
25	26	27	28

Thursday	Friday	Saturday
1	2	3
8	9	10
15	16	17
22	23	24
29	30	31

Goals

_____

_____

_____

_____

_____

_____

To Do List

_____

_____

_____

_____

Reminders

_____

_____

_____

_____

_____

_____

July
2021

Sunday	Monday	Tuesday	Wednesday
1	2	3	4
8	9	10	11
15	16	17	18
22	23	24	25
29	30	31	1

Thursday	Friday	Saturday
5	6	7
12	13	14
19	20	21
26	27	28
2	3	4

August
2021

Goals

_____
_____
_____
_____
_____
_____

To Do List

_____
_____
_____

Reminders

_____
_____
_____
_____
_____

Sunday	Monday	Tuesday	Wednesday
29	30	31	1
5	6 LABOR DAY	7	8
12	13	14	15
19	20	21	22
26	27	28	29

Thursday	Friday	Saturday
2	3	4
9	10	11
16	17	18
23	24	25
30	1	2

September
2021

Goals

To Do List

Reminders

Sunday	Monday	Tuesday	Wednesday
26	27	28	29
3	4	5	6
10	11 COLUMBUS DAY	12	13
17	18	19	20
24	25	26	27
31 HALLOWEEN			

Thursday	Friday	Saturday
30	1	2
7	8	9
14	15	16
21	22	23
28	29	30

Goals

To Do List

Reminders

October
2021

Sunday	Monday	Tuesday	Wednesday
31	1	2	3
7	8	9	10
14	15	16	17
21	22	23	24
28	29	30	1

Thursday	Friday	Saturday	Goals
4	5	6	
11	12	13	
VETERANS DAY			
18	19	20	To Do List
25	26	27	
THANKSGIVING DAY			
2	3	4	Reminders

November
2021

Sunday	Monday	Tuesday	Wednesday
28	29	30	1
5	6	7	8
12	13	14	15
19	20	21	22
26	27	28	29

Thursday	Friday	Saturday
2	3	4
9	10	11
16	17	18
23	24	25
	CHRISTMAS DAY	
30	31	1
	NEW YEAR'S EVE	

December
2021

Goals

_____
_____
_____
_____

To Do List

_____
_____
_____
_____

Reminders

_____
_____
_____
_____
_____
_____

Sunday	Monday	Tuesday	Wednesday
26	27	28	29
2	3	4	5
9	10	11	12
16	17 MARTIN LUTHER KING JR. DAY	18	19
23	24	25	26
30	31		

Thursday	Friday	Saturday
30	31	1 NEW YEAR'S DAY
6	7	8
13	14	15
20	21	22
27	28	29

Goals

_____
_____
_____
_____
_____
_____

To Do List

_____
_____
_____
_____

Reminders

_____
_____
_____
_____
_____

January
2022

Sunday	Monday	Tuesday	Wednesday
30	31	1	2
6	7	8	9
13	14 VALETINE'S DAY	15	16
20	21 PRESIDENTS' DAY	22	23
27	28	1	2

Thursday	Friday	Saturday	Goals
3	4	5	
10	11	12	
17	18	19	To Do List
24	25	26	
3	4	5	Reminders

February
2022

Sunday	Monday	Tuesday	Wednesday
27	28	1	2
6	7	8	9
13	14	15	16
20	21	22	23
27	28	29	30

Thursday	Friday	Saturday	Goals
3	4	5	
10	11	12	
17	18	19	To Do List
ST. PATRICK'S DAY			
24	25	26	
31	1	2	Reminders

March
2022

Sunday	Monday	Tuesday	Wednesday
27	28	29	30
3	4	5	6
10	11	12	13
17	18	19	20
24 EASTER	25	26	27

Thursday	Friday	Saturday
31	1	2
7	8	9
14	15	16
21	22	23
28	29	30

April
2022

Goals

_____
_____
_____
_____
_____

To Do List

_____
_____
_____

Reminders

_____
_____
_____
_____
_____
_____

Sunday	Monday	Tuesday	Wednesday
1	2	3	4
8 MOTHER'S DAY	9	10	11
15	16	17	18
22	23	24	25
29	30 MEMORIAL DAY	31	1

Thursday	Friday	Saturday	Goals
5	6	7	
12	13	14	
19	20	21	To Do List
26	27	28	
2	3	4	Reminders

May
2022

Sunday	Monday	Tuesday	Wednesday
29	30	31	1
5	6	7	8
12	13	14	15
19	20	21	22
FATHER'S DAY 26	27	28	29

Thursday	Friday	Saturday
2	3	4
9	10	11
16	17	18
23	24	25
30	1	2

Goals

_____

_____

_____

_____

_____

To Do List

_____

_____

_____

_____

Reminders

_____

_____

_____

_____

_____

June
2022

Sunday	Monday	Tuesday	Wednesday
26	27	28	29
3	4	5	6
	INDEPENDENCE DAY		
10	11	12	13
17	18	19	20
24	25	26	27
31			

Thursday	Friday	Saturday
30	1	2
7	8	9
14	15	16
21	22	23
28	29	30

Goals

To Do List

Reminders

July
2022

Sunday	Monday	Tuesday	Wednesday
31	1	2	3
7	8	9	10
14	15	16	17
21	22	23	24
28	29	30	31

Thursday	Friday	Saturday	Goals
4	5	6	
11	12	13	
18	19	20	To Do List
25	26	27	
1	2	3	Reminders

August 2022

Sunday	Monday	Tuesday	Wednesday
28	29	30	31
4	5	6	7
	LABOR DAY		
11	12	13	14
18	19	20	21
25	26	27	28

Thursday	Friday	Saturday
1	2	3
8	9	10
15	16	17
22	23	24
29	30	1

September
2022

Goals

To Do List

Reminders

Sunday	Monday	Tuesday	Wednesday
25	26	27	28
2	3	4	5
9	10 COLUMBUS DAY	11	12
16	17	18	19
23	24	25	26
30	31 HALLOWEEN		

Thursday	Friday	Saturday
29	30	1
6	7	8
13	14	15
20	21	22
27	28	29

October 2022

Goals

_____

_____

_____

_____

_____

_____

To Do List

_____

_____

_____

Reminders

_____

_____

_____

_____

_____

_____

_____

Sunday	Monday	Tuesday	Wednesday
30	31	1	2
6	7	8	9
13	14	15	16
20	21	22	23
27	28	29	30

Thursday	Friday	Saturday	Goals
3	4	5	
10	11	12	
VETERANS DAY			
17	18	19	To Do List
24	25	26	
THANKSGIVING DAY			
1	2	3	Reminders

November
2022

Sunday	Monday	Tuesday	Wednesday
27	28	29	30
4	5	6	7
11	12	13	14
18	19	20	21
25 CHRISTMAS DAY	26 CHRISTMAS DAY (OBSERVED)	27	28

Thursday	Friday	Saturday
1	2	3
8	9	10
15	16	17
22	23	24
29	30	31 NEW YEAR'S EVE

December
2022

Goals

To Do List

Reminders

Sunday	Monday	Tuesday	Wednesday
1 NEW YEAR'S DAY	2 NEW YEAR'S DAY (OBSERVED	3	4
8	9	10	11
15	16 MARTIN LUTHER KING JR. DAY	17	18
22	23	24	25
29	30	31	

Thursday	Friday	Saturday
5	6	7
12	13	14
19	20	21
26	27	28
2	3	4

January 2023

Goals

To Do List

Reminders

Sunday	Monday	Tuesday	Wednesday
29	30	31	1
5	6	7	8
12	13	14 VALENTINE'S DAY	15
19	20 PRESIDENTS' DAY	21	22
26	27	28	1

Thursday	Friday	Saturday	Goals
2	3	4	
9	10	11	
16	17	18	**To Do List**
23	24	25	
2	3	4	**Reminders**

February
2023

Sunday	Monday	Tuesday	Wednesday
26	27	28	1
5	6	7	8
12	13	14	15
19	20	21	22
26	27	28	29

Thursday	Friday	Saturday	Goals
2	3	4	
9	10	11	
16	17	18	To Do List
23	24	25	
30	31	1	Reminders

March
2023

Sunday	Monday	Tuesday	Wednesday
26	27	28	29
2	3	4	5
9	10	11	12
16	17	18	19
23	24	25	26
30			

Thursday	Friday	Saturday	Goals
30	31	1	
6	7	8	
13	14	15	To Do List
20	21	22	
27	28	29	Reminders

April
2023

Sunday	Monday	Tuesday	Wednesday
30	1	2	3
7	8	9	10
14	15	16	17
21 MOTHER'S DAY	22	23	24
28	29 MEMORIAL DAY	30	31

Thursday	Friday	Saturday	Goals
4	5	6	
11	12	13	
18	19	20	To Do List
25	26	27	
1	2	3	Reminders

May
2023

Sunday	Monday	Tuesday	Wednesday
28	29	30	31
4	5	6	7
11	12	13	14
18	19	20	21
FATHER'S DAY 25	26	27	28

Thursday	Friday	Saturday
1	2	3
8	9	10
15	16	17
22	23	24
29	30	1

June
2023

Goals

To Do List

Reminders

Sunday	Monday	Tuesday	Wednesday
25	26	27	28
2	3	4 INDEPENDENCE DAY	5
9	10	11	12
16	17	18	19
23	24	25	26
30	31		

Thursday	Friday	Saturday	Goals
29	30	1	
6	7	8	
13	14	15	To Do List
20	21	22	
27	28	29	Reminders

July 2023

Sunday	Monday	Tuesday	Wednesday
30	31	1	2
6	7	8	9
13	14	15	16
20	21	22	23
27	28	29	30

Thursday	Friday	Saturday
3	4	5
10	11	12
17	18	19
24	25	26
31	1	2

Goals

To Do List

Reminders

August
2023

Sunday	Monday	Tuesday	Wednesday
27	28	29	30
3	4 LABOR DAY	5	6
10	11	12	13
17	18	19	20
24	25	26	27

Thursday	Friday	Saturday	Goals
31	1	2	
7	8	9	
14	15	16	To Do List
21	22	23	
28	29	30	Reminders

September
2023

Sunday	Monday	Tuesday	Wednesday
1	2	3	4
8	9 COLUMBUS DAY	10	11
15	16	17	18
22	23	24	25
29	30	31 HALLOWEEN	1

Thursday	Friday	Saturday
5	6	7
12	13	14
19	20	21
26	27	28
2	3	4

Goals

To Do List

Reminders

October
2023

Sunday	Monday	Tuesday	Wednesday
29	30	31	1
5	6	7	8
12	13	14	15
19	20	21	22
26	27	28	29

Thursday	Friday	Saturday	Goals
2	3	4	
9	10	11	
	VETERANS DAY (OBSERVED)	VETERANS DAY	
16	17	18	To Do List
23	24	25	
THANKSGIVING DAY			
30	1	2	Reminders

November
2023

Sunday	Monday	Tuesday	Wednesday
26	27	28	29
3	4	5	6
10	11	12	13
17	18	19	20
24 CHRISTMAS EVE	25 CHRISTMAS DAY	26	27
31 NEW YEAR'S EVE			

Thursday	Friday	Saturday
30	1	2
7	8	9
14	15	16
21	22	23
28	29	30

December
2023

Goals

_____
_____
_____
_____
_____
_____

To Do List

_____
_____
_____

Reminders

_____
_____
_____
_____
_____
_____

Sunday	Monday	Tuesday	Wednesday
31	1 NW YEAR'S DAY	2	3
7	8	9	10
14	15 MARTIN LUTHER KING JR. DAY	16	17
21	22	23	24
28	29	30	31

Thursday	Friday	Saturday
4	5	6
11	12	13
18	19	20
25	26	27
1	2	3

January
2024

Goals

_____
_____
_____
_____
_____
_____

To Do List

_____
_____
_____
_____

Reminders

_____
_____
_____
_____
_____
_____

Sunday	Monday	Tuesday	Wednesday
28	29	30	31
4	5	6	7
11	12	13	14 VALENTINE'S DAY
18	19 PRESIDENTS' DAY	20	21
25	26	27	28

Thursday	Friday	Saturday	Goals
1	2	3	
8	9	10	
15	16	17	To Do List
22	23	24	
29	1	2	Reminders

February
2024

Sunday	Monday	Tuesday	Wednesday
25	26	27	28
3	4	5	6
10	11	12	13
17	18	19	20
24	25	26	27
31			

Thursday	Friday	Saturday	Goals
29	1	2	_____
			_____
			_____
7	8	9	_____
			_____
			_____
14	15	16	To Do List
			_____
			_____
21	22	23	_____
			_____
			_____
28	29	30	Reminders
			_____

March
2024

Sunday	Monday	Tuesday	Wednesday
31	1	2	3
7	8	9	10
14	15	16	17
21	22	23	24
28	29	30	1

Thursday	Friday	Saturday	Goals
4	528	29	
11	12	13	
18	19	20	To Do List
25	26	27	
2	3	4	Reminders

April
2024

Sunday	Monday	Tuesday	Wednesday
28	29	30	1
5	6	7	8
12	13	14	15
19 MOTHER'S DAY	20	21	22
26	27 MEMORIAL DAY	28	29

Thursday	Friday	Saturday	Goals
2	3	4	
9	10	11	
16	17	18	To Do List
23	24	25	
30	31	1	Reminders

May 2024

Sunday	Monday	Tuesday	Wednesday
26	27	28	29
2	3	4	5
9	10	11	12
16 FATHER'S DAY	17	18	19
23	24	25	26
31			

Thursday	Friday	Saturday
30	31	1
6	7	8
13	14	15
20	21	22
27	28	29

Goals

To Do List

Reminders

June
2024

Sunday	Monday	Tuesday	Wednesday
31	1	2	3
7	8	9	10
14	15	16	17
21	22	23	24
28	29	30	31

Thursday	Friday	Saturday	Goals
4 INDEPENDENCE DAY	5	6	_____ _____ _____ _____
11	12	13	_____ _____ _____
18	19	20	**To Do List** _____ _____
25	26	27	_____ _____ _____
1	2	3	**Reminders** _____ _____ _____

July
2024

Sunday	Monday	Tuesday	Wednesday
28	29	30	31
4	5	6	7
11	12	13	14
18	19	20	21
25	26	27	28

Thursday	Friday	Saturday
1	2	3
8	9	10
15	16	17
22	23	24
29	30	31

Goals

To Do List

Reminders

August
2024

Sunday	Monday	Tuesday	Wednesday
1	2	3	4
	LABOR DAY		
8	9	10	11
15	16	17	18
22	23	24	25
29	30	1	2

Thursday	Friday	Saturday	Goals
5	6	7	
12	13	14	
19	20	21	To Do List
26	27	28	
3	4	5	Reminders

September
2024

Sunday	Monday	Tuesday	Wednesday
29	30	1	2
6	7	8	9
13	14 COLUMBUS DAY	15	16
20	21	22	23
27	28	29	30

Thursday	Friday	Saturday	Goals
3	4	5	
10	11	12	
17	18	19	**To Do List**
24	25	26	
31 HALLOWEEN	1	2	**Reminders**

October
2024

Sunday	Monday	Tuesday	Wednesday
27	28	29	30
3	4	5	6
10	11 VETERANS DAY	12	13
17	18	19	20
24	25	26	27

Thursday	Friday	Saturday	Goals
31	1	2	
7	8	9	
14	15	16	**To Do List**
21	22	23	
28 THANKSGIVING DAY	29	30	**Reminders**

November
2024

Sunday	Monday	Tuesday	Wednesday
1	2	3	4
8	9	10	11
15	16	17	18
22	23	24 CHRISTMAS EVE	25 CHRISTMAS DAY
29	30	31 NEW YEAR'S EVE	1

Thursday	Friday	Saturday
5	6	7
12	13	14
19	20	21
26	27	28
2	3	4

December
2024

Goals

To Do List

Reminders

Contacts

NAME: _____
ADDRESS: _____
_____
PHONE: _____
EMAIL: _____

NAME: _____
ADDRESS: _____
_____
PHONE: _____
EMAIL: _____

NAME: _____
ADDRESS: _____
_____
PHONE: _____
EMAIL: _____

NAME: _____
ADDRESS: _____
_____
PHONE: _____
EMAIL: _____

NAME: _____
ADDRESS: _____
_____
PHONE: _____
EMAIL: _____

NAME: _____
ADDRESS: _____
_____
PHONE: _____
EMAIL: _____

NAME: _____
ADDRESS: _____
_____
PHONE: _____
EMAIL: _____

NAME: _____
ADDRESS: _____
_____
PHONE: _____
EMAIL: _____

Contacts

NAME: _____
ADDRESS: _____
_____
PHONE: _____
EMAIL: _____

NAME: _____
ADDRESS: _____
_____
PHONE: _____
EMAIL: _____

NAME: _____
ADDRESS: _____
_____
PHONE: _____
EMAIL: _____

NAME: _____
ADDRESS: _____
_____
PHONE: _____
EMAIL: _____

NAME: _____
ADDRESS: _____
_____
PHONE: _____
EMAIL: _____

NAME: _____
ADDRESS: _____
_____
PHONE: _____
EMAIL: _____

NAME: _____
ADDRESS: _____
_____
PHONE: _____
EMAIL: _____

NAME: _____
ADDRESS: _____
_____
PHONE: _____
EMAIL: _____

Passwords

WEBSITE: _____
USERNAME: _____
PASSWORD: _____
NOTES: _____
_____

WEBSITE: _____
USERNAME: _____
PASSWORD: _____
NOTES: _____
_____

WEBSITE: _____
USERNAME: _____
PASSWORD: _____
NOTES: _____
_____

WEBSITE: _____
USERNAME: _____
PASSWORD: _____
NOTES: _____
_____

WEBSITE: _____
USERNAME: _____
PASSWORD: _____
NOTES: _____
_____

WEBSITE: _____
USERNAME: _____
PASSWORD: _____
NOTES: _____
_____

WEBSITE: _____
USERNAME: _____
PASSWORD: _____
NOTES: _____
_____

WEBSITE: _____
USERNAME: _____
PASSWORD: _____
NOTES: _____
_____

WEBSITE: _____
USERNAME: _____
PASSWORD: _____
NOTES: _____
_____

WEBSITE: _____
USERNAME: _____
PASSWORD: _____
NOTES: _____
_____

Passwords

WEBSITE: _____
USERNAME: _____
PASSWORD: _____
NOTES: _____
_____
_____

WEBSITE: _____
USERNAME: _____
PASSWORD: _____
NOTES: _____
_____
_____

WEBSITE: _____
USERNAME: _____
PASSWORD: _____
NOTES: _____
_____
_____

WEBSITE: _____
USERNAME: _____
PASSWORD: _____
NOTES: _____
_____
_____

WEBSITE: _____
USERNAME: _____
PASSWORD: _____
NOTES: _____
_____
_____

WEBSITE: _____
USERNAME: _____
PASSWORD: _____
NOTES: _____
_____
_____

WEBSITE: _____
USERNAME: _____
PASSWORD: _____
NOTES: _____
_____
_____

WEBSITE: _____
USERNAME: _____
PASSWORD: _____
NOTES: _____
_____
_____

WEBSITE: _____
USERNAME: _____
PASSWORD: _____
NOTES: _____
_____
_____

WEBSITE: _____
USERNAME: _____
PASSWORD: _____
NOTES: _____
_____
_____

Birthday Tacker

JANUARY	FEBRUARY	MARCH

APRIL	MAY	JUNE

JULY	AUGUST	SEPTEMBER

OCTOBER	NOVEMBER	DECEMBER

Long Term Goals

JANUARY	FEBRUARY	MARCH

APRIL	MAY	JUNE

JULY	AUGUST	SEPTEMBER

OCTOBER	NOVEMBER	DECEMBER

Notes

Notes

Notes

Notes